W0024466

DUMONT

Frank Flöthmanns traurige Helden können sich nicht beklagen – obwohl sie allen Grund dazu hätten. Nur hat es ihnen leider die Sprache verschlagen, denn Flöthmann verzichtet in seinen Comics auf konventionelle Sprechblasen. Aber natürlich darf hier trotzdem nach bester Männerart geliebt und gelitten, geschraubt und geschrien, gehämmert und geheult, geflext und geflucht, gegrillt und gebrüllt werden – alles in herrlich komische, immer wieder überraschende Piktogramme verpackt.
›Männer ohne Worte‹ gehört in jede Werkzeugkiste.

Frank Flöthmann wurde 1967 geboren. Nach einem Graphik-Design-Studium begann er freischaffend als Illustrator zu arbeiten. Seine Comic-Strips und Illustrationen waren bereits in mehreren Ausstellungen zu sehen. Für die Zeitschrift *Men's Health* hat er die Comic-Serie »Ein Mann, kein Wort« erfunden, die hier zum ersten Mal komplett und in erweiterter Form erscheint. Frank Flöthmann lebt mit seiner Frau und den beiden gemeinsamen Kindern in Berlin.

FRANK FLÖTHMANN

MÄNNER OHNE WORTE

DUMONT

Von Frank Flöthmann ist im DuMont Buchverlag außerdem erschienen:
›Grimms Märchen ohne Worte‹

April 2014
Deutsche Erstausgabe
DuMont Buchverlag, Köln

Druck & Verarbeitung: Lösch MedienManufaktur
Gedruckt auf säurefreiem und chlorfrei gebleichtem Papier
Printed in Germany
ISBN 978-3-8321-6272-6

www.dumont-buchverlag.de

MÄNNER OHNE WORTE

2-F.DE

MÄNNER OHNE WORTE

2-F.DE

MÄNNER OHNE WORTE

!
?

!

!

!

?

!

!
2-F.DE

MÄNNER OHNE WORTE

!

!

!

4x ?

2-F.DE

MÄNNER OHNE WORTE

2-F.DE

MÄNNER OHNE WORTE

2-F.DE

MÄNNER OHNE WORTE

P
2-F.DE

MÄNNER OHNE WORTE

2-F.DE

MÄNNER OHNE WORTE

100
+1
+1
200
+1
+1
+1
+1
+1
+1
+1
500
2-F.DE

MÄNNER OHNE WORTE

?
2-F.DE

MÄNNER OHNE WORTE

08:00

02:47

08:00
2-F.DE

MÄNNER OHNE WORTE

2-F.DE

MÄNNER OHNE WORTE

€
2-F.DE

MÄNNER OHNE WORTE

€%!

!

!

!

35°C
30
!
2-F.DE

MÄNNER OHNE WORTE

2-F.DE

MÄNNER OHNE WORTE

!!!

2-F.DE

MÄNNER OHNE WORTE

?

15 x !

2-F.DE

MÄNNER OHNE WORTE

2-F.DE

MÄNNER OHNE WORTE

2-F.DE

MÄNNER OHNE WORTE

2-F.DE

MÄNNER OHNE WORTE

!
!
2 x
!
?
2-F.DE

MÄNNER OHNE WORTE

?

?

?

?

!!!

2-F.DE

MÄNNER OHNE WORTE

1
14

31

2-F.DE

MÄNNER OHNE WORTE

P
!
P+V
?
P+V
P+V
+V
!
B+V
B+V
2-F.DE

MÄNNER OHNE WORTE

!!!
2-F.DE

MÄNNER OHNE WORTE

!

!

!!!

!!!
2-F.DE

MÄNNER OHNE WORTE

2-F.DE

MÄNNER OHNE WORTE

2-F.DE

MÄNNER OHNE WORTE

2-F.DE

MÄNNER OHNE WORTE

125

125

000

000!

!!

!!!

2-F.DE

MÄNNER OHNE WORTE

2-F.DE

MÄNNER OHNE WORTE

↑!

↑!

↑!

#1!

#2!
#2!
#2!

↓!
2-F.DE

MÄNNER OHNE WORTE

2-F.DE

MÄNNER OHNE WORTE

2-F.DE

MÄNNER OHNE WORTE

2-F.DE

MÄNNER OHNE WORTE

2-F.DE

MÄNNER OHNE WORTE

2-F.DE

MÄNNER OHNE WORTE

2-F.DE

MÄNNER OHNE WORTE

€!
?
€?
2-F.DE

MÄNNER OHNE WORTE

2-F.DE

MÄNNER OHNE WORTE

2-F.DE

MÄNNER OHNE WORTE

€!

¢

2-F.DE

MÄNNER OHNE WORTE

2-F.DE

MÄNNER OHNE WORTE

2-F.DE

MÄNNER OHNE WORTE

2-F.DE

MÄNNER OHNE WORTE

2-F.DE

MÄNNER OHNE WORTE

!
2-F.DE

MÄNNER OHNE WORTE

2-F.DE

MÄNNER OHNE WORTE

2·F.DE

MÄNNER OHNE WORTE

9^{99}

1^{99}!
1^{99}

?
1^{99}

?

1^{99}?
1^{99}

?
1^{99}
2-F.DE

I

2-F.DE

MÄNNER OHNE WORTE

2-F.DE

MÄNNER OHNE WORTE

!
2-F.DE

MÄNNER OHNE WORTE

3x …

!!!

3x !
2-F.DE

MÄNNER OHNE WORTE

2-F.DE